JN243078

じぶんでよめる

いきもの ずかん

成美堂出版

もくじ

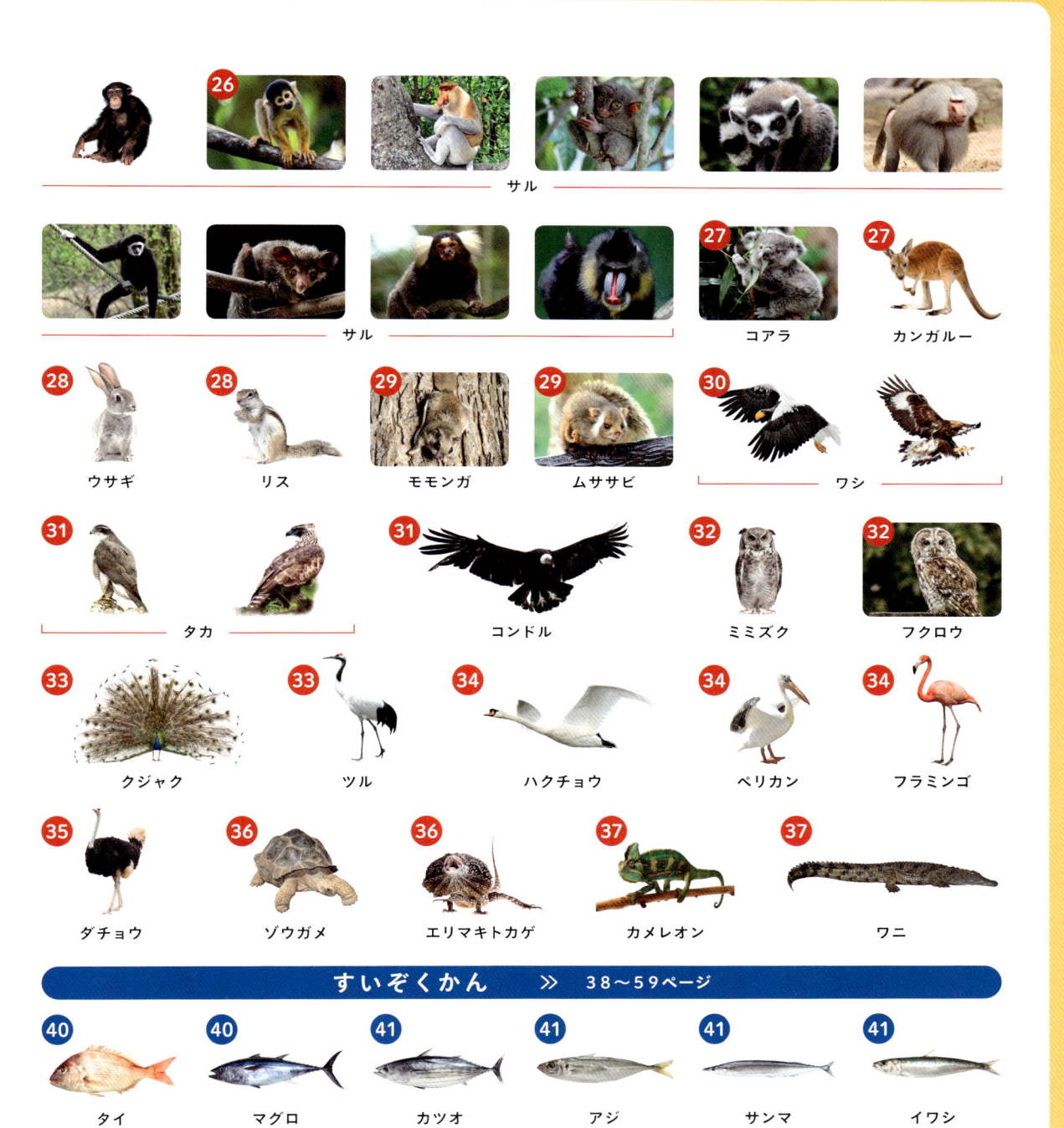

サル

サル

27 コアラ

27 カンガルー

28 ウサギ

28 リス

29 モモンガ

29 ムササビ

30 ワシ

31 タカ

31 コンドル

32 ミミズク

32 フクロウ

33 クジャク

33 ツル

34 ハクチョウ

34 ペリカン

34 フラミンゴ

35 ダチョウ

36 ゾウガメ

36 エリマキトカゲ

37 カメレオン

37 ワニ

すいぞくかん ≫ 38〜59ページ

40 タイ

40 マグロ

41 カツオ

41 アジ

41 サンマ

41 イワシ

おすしになる、さかなには、おすしマークが、ついています。

42 サバ

42 フグ

42 サケ

43 ウツボ

43 ハリセンボン

43 アンコウ

44 ウナギ

44 コイ

44 ナマズ

45 チンアナゴ

45 カクレクマノミ

46 エンゼルフィッシュ

46 ナポレオンフィッシュ

47 リーフィーシードラゴン

47 タツノオトシゴ

48 サメ

サメ

49 マンボウ

49 エイ

50 タコ

50 イカ

51 ウニ

51 カニ

51 エビ

52 アメフラシ

52 クリオネ

52 クラゲ

53 ヒトデ

53 イソギンチャク

53 ヤドカリ

54 シャチ

54 イルカ

イルカ

55 クジラ

56 セイウチ

56 ペンギン

ペンギン　アザラシ　アシカ

オットセイ　ホッキョクグマ　ラッコ　ウーパールーパー　ウミガメ　アメリカハコガメ

こうえん　≫　60〜79ページ

カブトムシ　クワガタムシ

テントウムシ　トンボ　カナブン　セミ

セミ　チョウ

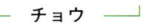     

チョウ　バッタ　カマキリ　キリギリス　コオロギ　スズムシ

68 マツムシ	68 アオマツムシ	68 カンタン	69 アリ	69 ウスバカゲロウ	70 ハチ
ハチ		71 ホタル		71 アメンボ	72 クモ
クモ		73 ミミズ	73 ワラジムシ	73 ダンゴムシ	74 カタツムリ	74 ナメクジ
75 カエル	75 トカゲ	75 ヘビ	76 モグラ	76 コウモリ	77 マガモ
77 アヒル	78 メジロ	78 ウグイス	78 ムクドリ	79 カッコウ	79 ホトトギス

ぼくじょう ≫ 80〜85ページ

81 ウシ	82 ヒツジ	83 ヤギ

ミルク　にく　け　たまご
ひとがつかう、ぶぶんの、マークが、ついています。

83 アルパカ
84 ニワトリ
84 ブタ
85 ウマ
85 ロバ
85 ポニー

みぢか ≫ 86〜95ページ

87 イヌ
89 ネコ

ネコ
90 ハムスター
90 モルモット

91 タヌキ
91 ネズミ
92 キュウカンチョウ
92 オウム
92 インコ

インコ
93 カラス
93 ハト
93 スズメ
94 ツバメ

94 ウミネコ
94 カモメ
95 イモリ
95 ザリガニ
95 メダカ
95 ドジョウ

どうぶつえん

どうぶつえんでは、せかいじゅうの、
いろいろないきものを、みることが、できます。
めずらしいいきものを、まもり、
そだてることも、どうぶつえんの、
たいせつな、やくめです。

どうぶつ

どうぶつの、こどもは、おかあさんの、おちちをのんで、
そだちます。にんげんも、どうぶつのなかまです。

パンダ
（ぱんだ）

ちゅうごくの、やまのなかに、
すんでいます。「ささ」が、
だいすきで、「て」を、
じょうずにつかって、たべます。

しろとくろのもよう

うまれたときは、もようが、あ
りません。1しゅうかんくら
いして、「け」がはえると、も
ようが、でてきます。

レッサーパンダ
（れっさーぱんだ）

きのうえで、くらしています。
まわりのようすを、みるために、
たつことが、あります。

ゾウ

りくじょうで、いちばんおおきな、どうぶつです。ながい「はな」を、もっています。

ながい「はな」

ながい「はな」を、「て」のようにつかって、ものをもったり、からだに、みずを、かけたりします。

アフリカゾウと、アジアゾウ

ゾウには、アフリカゾウと、アジアゾウがいます。「みみ」のおおきさや、「はな」のかたちが、ちがいます。

アフリカゾウの「みみ」

アジアゾウの「みみ」

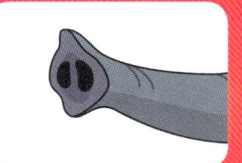
アフリカゾウの「はな」

アジアゾウの「はな」

ながい「くび」 ●‥‥‥‥‥‥‥▶

ながい「くび」は、たかい「き」の、はっぱをたべたり、まわりに、てきがいないか、みはるのに、やくだちます。

キリン

「くび」と「あし」が、とてもながく、せかいでいちばん、「せ」のたかい、どうぶつです。

キリンは、どうやって、みずを、のむのかな？

キリンが、みずを、のむときは、まえあしを、おおきくひろげ、あたまを、みずのあるところまで、さげます。

シマウマ

からだに、しまもようが、あります。
たくさんの、なかまと、
いっしょに、くらしています。

どうして
しましま
なのかな？
？

しろとくろの、しまもよう

なかまと、いっしょにいると、おおきな、
しまもようの、かたまりにみえ、てきに、
おそわれにくくなります。

**おしりの
しまもよう**

おしりの、しまもよう
は、こどもが、おかあ
さんを、みわける、め
じるしに、なります。

オカピ

「あし」と、おしりに、
しまもようが、あります。
シマウマに、にていますが、
キリンの、なかまです。
キリンのように、ながい「した」で、
「き」のはっぱを、ちぎって、たべます。

13

トナカイが、ひっぱる、「そり」は、むかしから、ゆきのうえで、にもつを、はこぶのに、つかわれてきました。サンタクロースが、のっているのも、トナカイの「そり」です。

おおきな「ひづめ」

おおきくて、ひらべったい「ひづめ」は、ゆきのうえでも、しずまずに、あるけます。

トナカイ

さむいところで、くらしています。
ながい「け」で、からだを、あたためています。

よろいのように かたい「ひふ」

ぶあつく、かたい「ひふ」で、ライオンなどのてきから、みをまもっています。

サイ

とても、おおきな、どうぶつです。
あたまに、「つの」がついています。

ラクダ

さばくで、くらしています。せなかの
「こぶ」に、えいようを、ためています。

ラクダは、あつさにも、
かわきにも、つよいので、
さばくで、にもつをはこ
んだり、ひとを、のせた
りして、はたらいています。

シカ

もりや、のはらで、くらしています。
オスには、りっぱな、「つの」があります。

つの

はるになると、ぬけ
て、あたらしい、「つ
の」が、はえてきます。

メス

オス

こども

こどもには、しまもよう
があり、やさいの「うり」
に、にているので、「うり
ぼう」と、よばれています。

イノシシ

ずんぐりした、からだですが、
とても、はやく、はしれます。
オスには、おおきな、「きば」があります。

15

おおきな「くち」には、
「きば」が、はえています。

カバ
(かば)

およぎが、とくいです。ひるまは、みずのなかで、すごし、
よるになると、りくのうえで、くさを、たべます。

カピバラのおふろ
(かぴばら)

カピバラは、あたたかい、ばしょで、くらして
いる、どうぶつです。にほんの、ふゆは、さ
むすぎて、みずに、はいれません。そこで、
ふゆのあいだは、おふろに、はいっています。

カピバラ
(かぴばら)

ねずみのなかまのなかで、いちばん
おおきな、どうぶつです。「あし」に、
「みずかき」があり、およぎが、とくいです。

みずかき

カワウソ

ほそながいからだで、じょうずに、およぎます。「は」が、じょうぶで、さかなの、ほねも、かみくだいて、たべます。

みずべでは
どんなふうに
くらして
いるかな？

？

アライグマ

およぎと、きのぼりが、とくいです。
みずのなかの、えものを、つかまえる、ようすが、たべものを、あらっているように、みえます。

ビーバー

おおきな、ひらべったい「しっぽ」と、「あし」の「みずかき」で、およぎます。するどい、「まえば」で、おおきな「き」も、かじって、たおしてしまいます。

ビーバーのダム

ビーバーは、たおした、「き」を、あつめて、かわのなかに、ダムをつくります。ダムのなかに、「す」をつくり、かぞくや、なかまと、くらします。

のびつづける「まえば」

ビーバーの「まえば」は、ずっと、のびつづけるので、かたい「き」を、かじって、すりへっても、へいきです。

17

プレーリードッグ

「キャンキャン」と、イヌのようなこえで、
なきます。のはらに、あなをほって、
なかまと、くらしています。

「す」のいりぐちで、たちあがって、
みはりをします。てきがちかづく
と、ないて、なかまに、しらせます。

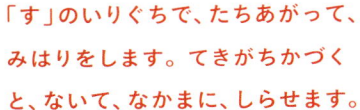

どうして
たっている
のかな？

?

ミーアキャット

ひなたぼっこが、すきです。
たいようの、ひかりを、
あびるために、
うしろあしで、たちあがります。

アリクイ

ながく、ねばねばした、「した」で、
アリや、シロアリを、
つかまえて、たべます。

スカンク

てきが、ちかづくと、おしりから、
とてもくさい、「えき」をだして、
おいはらいます。

てきが、ちかづく
と、「しっぽ」を、
あげて、「くさい、
においを、だすぞ」
と、おどします。

ハリネズミ

せなかの「け」が、はりのように、
かたく、とがっています。

おどろくと、からだをま
るめて、とげとげの、ボ
ールのように、なります。

アルマジロ

からだが、かたい「こうら」で、
おおわれています。

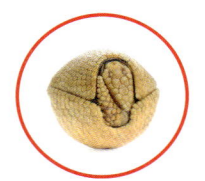

「こうら」を、そと
がわにして、じめん
に、ふせたり、から
だを、まるめたりし
て、やわらかい「お
なか」を、まもります。

ナマケモノ

あまり、うごかず、きのえだに、
ぶらさがって、くらします。

ライオン

どうぶつの、おうさまと、いわれています。
なかまといっしょにくらし、ちからをあわせて、
えものをつかまえたり、こどもをそだてたりします。

りっぱな「たてがみ」●‥‥

おとなの、オスには、ふさふさ
した、「たてがみ」が、あります。
メスと、こどもには、ありません。

オス

メス

こども

トラ

きいろとくろの、しまもようが、
あります。なわばりをつくって、
いっぴきで、くらします。

チーター

いちばん、あしがはやい、どうぶつですが、
ながいじかん、はしるのは、にがてなので、
みじかいじかんで、えものを、つかまえます。

ジャガー

もりのなかの、みずべで、くらします。
きのぼりと、およぎが、とくいです。

もようの
ちがいが
わかるかな？

？

サーバル

ジャンプが、とくいです。
とんでいるとりを、
つかまえることも、できます。

ヒョウ

きのぼりが、じょうずです。
えものを、きのうえに、はこんで、
たべることも、あります。

21

クマ

がっしりした、おおきなからだで、とても、ちからがあります。
にく、さかな、くだもの、どんぐりなど、いろいろなものを、たべます。

ヒグマ

にほんで、いちばんおおき
な、どうぶつです。さかな
を、とるのが、とくいです。

どんな
クマが
いるかな？

？

ふゆは、あなのなかで、ねむっています。メス
は、そのあいだに、あかちゃんを、うみ、はる
になると、いっしょに、そとに、でてきます。

ツキノワグマ

むねに、みかづきのかたちの、しろいもよ
うが、あります。きのぼりが、とくいです。

22

キツネ
<small>き つ ね</small>

ふとくて、ながい「しっぽ」で、
バランスを、とりながら、
<small>ば ら ん す</small>
すばやく、うごきます。

オオカミ
<small>お お か み</small>

おやこや、きょうだいが、
いっしょにくらし、ちからをあわせて、
えものを とったり、
こどもを、そだてたりします。

なつの「け」とふゆの「け」

おおくの、どうぶつは、なつとふゆで、
「け」のながさが、しぜんに、かわり
ます。ふゆのあいだは、ながい、ふ
さふさした「け」で、からだをあたた
め、なつになると、みじかい「け」に
かわって、すずしくすごします。

ふゆ

なつ

サル

にんげんに、よくにている、どうぶつです。
あたまがよく、「て」を、じょうずに、つかいます。

ニホンザル

たくさんの、なかまと、いっしょに、くらします。くだものや、はっぱや、むしなど、いろいろなものを、たべます。

どうして
おふろに
はいるのかな？

?

ニホンザルは、サルのなかまでは、いちばん、さむいところで、くらしています。ふゆになると、なかまどうしで、くっついて、からだを、あたためます。

にんげんの、おんせんに、はいりこんで、からだを、あたためる、ニホンザルもいます。

24

ゴリラ

いちばん、おおきな、サルのなかまです。もりのなかで、かぞくで、くらします。こわそうに、みえますが、やさしい、せいかくです。

チンパンジー

とても、あたまがよく、「て」で、ものをもったり、どうぐをつかったり、できます。

オランウータン

ほとんど、きのうえで、くらしています。ながい「うで」で、きのえだから、きのえだへ、わたります。

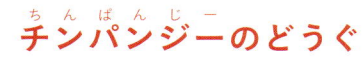

チンパンジーのどうぐ

ぼうを、つかって、あなのなかの、むしを、つかまえたり、いしを、つかって、きのみを、わったりします。

いろいろなサル

せかいには、たくさんのしゅるいの、サルがいます。

リスザル
「リス」のように、ちいさいです。

テングザル
おおきな「はな」を、もっています。

メガネザル
「め」が、とても、おおきいです。

キツネザル
「キツネ」に、にています。

マントヒヒ
ふさふさの「け」が、はえています。

テナガザル
「て」が、とても、ながいです。

アイアイ
「うた」になった、サルです。

マーモセット
からだが、ちいさい、サルです。

マンドリル
はでな「かお」のサルです。

どこが
にているかな？

コアラ
（こあら）

ユーカリの、きのうえで、
ユーカリの、はっぱだけを、
たべて、くらしています。

カンガルー
（かんがるー）

「しっぽ」で、バランスを、とりながら、
うしろあしで、ジャンプします。

● **ながく、ふとい「しっぽ」**
ジャンプするときに、バランスをとったり、
からだを、ささえたりするのに、つかいます。

**おなかのふくろで、
こどもをそだてるどうぶつ**

カンガルーや、コアラの、おかあさんのおなかには、あかちゃ
んを、そだてるための、ふくろがあります。あかちゃんは、
うまれたばかりのときは、とてもちいさく、「け」も、はえ
ていません。そこで、うまれるとすぐに、おかあさんの、
ふくろのなかに、はいり、おおきくなると、そとにでます。

？ ウサギの「みみ」は どうして ながいのかな？

ながい「みみ」
ウサギの「みみ」は、ながくて、とても、よくうごきます。ちいさな、おとも、きこえるので、てきが、ちかづくと、すぐに、わかります。

ウサギ

のはらで、くらしています。
うしろあしが、ながく、ジャンプが、とくいです。

リス

きのうえで、くらしています。
じょうぶな「つめ」があり、「き」の「みき」や、「えだ」を、じゅうに、あるけます。

リスは、きのみが、だいすきです。くちのなかに、きのみを、たくさん、いれられます。

モモンガ

ムササビの、はんぶんくらいの、
おおきさです。いちどに、
40メートルくらい、とびます。

ムササビ

きのうえで、くらしています。
からだのまくを、ひろげて、
「き」から「き」へ、とびうつります。
いちどに、100メートルも、
とぶことが、あります。

?
どうして
とべるのかな？

からだのまくで、そらをとべる、どうぶつ

ムササビや、モモンガには、「あし」のあいだに、「ひふ」で
できた、まくがあります。そのまくをひろげて、とぶことが、
できます。「とり」のように、ずっと、とぶことは、できません。

モモンガ

とり

「はね」と、「くちばし」があります。

ほとんどのとりは、そらを、とびますが、とばないとりもいます。

ワシ

からだが、おおきな、とりです。

おおきなえものを、
「あし」で、つかまえたまま、
とぶことが、できます。

にほんで、いちばん、おおきな、ワシです。さかなが、だいすきです。うみ、かわ、みずうみなどの、まわりで、くらしています。

オオワシ

つよい「あし」

ちからがつよく、するどい「つめ」があります。えものを、しっかりと、つかむことが、できます。

イヌワシ

のはらや、やまに、すんでいて、ひろい、なわばりを、もっています。ウサギや、ヤマドリ、おおきなヘビなどを、つかまえて、たべます。

タカ

まがった「くちばし」と、するどい「つめ」を、もっています。
「め」がいいので、そらを、とびながら、ウサギや、ネズミなどを、
みつけて、つかまえることが、できます。

クマタカ

オオタカよりも、おおきいタカです。
あたまの、うしろに、かんむりのような、
「はね」があります。きのうえで、え
ものを、まちぶせして、つかまえます。

オオタカ

カラスくらいの、おおきさです。
もりや、やまで、くらしていま
す。ネズミなどの、ちいさな、
どうぶつや、ハトなどの、と
りを、つかまえて、たべます。

コンドル

どうぶつの、しがいを、たべます。
くさった、にくで、よごれない
ように、あたまには、「け」が、
はえていません。

かざりばね

「みみ」のように、みえますが、「はね」のいちぶが、ながくなったものです。

ミミズク

フクロウのなかまで、あたまの、りょうがわに、「みみ」のような、かざりばねが、あります。

フクロウとミミズクはどこがちがうのかな？

?

フクロウ

もりのなかで、くらしています。ひるまは、ねむっています。よるになると、とびまわり、ネズミなどを、つかまえます。

フクロウは、どうして、よるに、えものを、さがすのかな？

フクロウの「め」は、くらくても、よく、みえます。「みみ」も、よく、きこえるので、くらくても、えものが、どこにいるのか、わかります。また、おとをたてずに、とべるので、えものに、きづかれずに、ちかづくことが、できます。フクロウは、よる、えものを、さがすのに、べんりな、からだを、もっているのです。

メス

クジャクのメスは、オスよりも、めだたない、いろです。かざりばねも、ありません。

クジャク

オスは、きれいな、かざりばねを、ひろげて、メスに、アピールします。

ツル

にほんで、いちばん、おおきな、とりです。
みずべで、くらし、こざかなや、
むしなどを、たべます。

はるの、はじめになると、オスとメスが、いっしょに、ダンスをしたり、こえをそろえて、ないたりします。

33

ハクチョウ

みずうみや、かわで、くらし、みずくさなどを、
たべます。こどものころは、はいいろですが、
おとなになると、しろくなります。

ハクチョウの
こども

フラミンゴ

みずべで、たくさんの、
なかまと、くらします。
「くび」と、「あし」が、ながく、
「くちばし」が、まがっています。

ペリカン

「くちばし」に、ふくろが
ついていて、
たくさんの、さかなを、
いちどに、つかまえられます。

こどもは、おやの、
「のど」からでる、
ミルクのようなも
のをのんで、お
おきくなります。

34

ダチョウ

せかいで、いちばん、おおきな、とりです。
とても、はやく、はしります。

ダチョウの
たまごは
おおきいね！

ダチョウのたまごは、ニワトリのたまご
の、20こぶんの、おおきさが、あります。

ダチョウはどうして
とべないのかな？

ダチョウは、おおきくて、はしるのが、
はやいので、とばなくても、てきに、
おそわれるしんぱいが、あまり、あり
ません。それで、とばなくても、よく
なったと、いわれています。

ちいさな「つばさ」

とぶことは、できませんが、
はしりながら、むきを、か
えるときに、バランスをと
るのに、つかいます。

ながくて、
つよい「あし」

じどうしゃと、おなじくら
いの、はやさで、はしれま
す。キックする、ちからも、
とても、つよいです。

はちゅうるい

からだには、「うろこ」があり、たまごを、うみます。
さむいと、うごけなくなります。

ゾウガメ

「こうら」が、1メートルもある、
おおきな、カメです。
とても、ながいきで、200ねんくらい、
いきた、ゾウガメも、います。

ふだんは、「ひだ」を、
とじています。

エリマキトカゲ

「くび」の、まわりに、
「ひだ」があり、
てきが、ちかづくと、
ひろげて、おどろかせます。

カメレオン

きのうえで、くらしています。
みぎの「め」と、ひだりの「め」を、
べつべつに、うごかすことが、できます。
ながい「した」で、むしを、つかまえて、たべます。

カメレオンは、まわりのいろや、
ひかりのつよさ、きぶんなどで、
からだの、いろが、かわります。

もとのいろは、
しゅるいによっ
て、ちがいます。

どんなときに
いろが
かわるのかな？

？

ワニ

みずべで、くらしています。さかなや、とりを、たべますが、
おなかが、すいているときは、おおきな、どうぶつを、おそうことも、あります。

37

すいぞくかん

すいぞくかんには、うみや、かわや、
みずうみなど、みずのなかで、くらす、
いきものが、あつまっています。
おおきな、すいそうや、イルカの、
ショーなどが、にんきです。

さかな

みずのなかで、いちばん、よくみられる、いきものです。
せかいじゅうの、うみや、かわに、たくさんの、しゅるいが、います。

タイ

たい

うみのなかの、いわばで、くらしています。
からだの、みためは、あかいですが、
なかの「にく」は、しろいです。

タイは、きれいで、おいしいことと、
「おめでたい」ということばに、「タ
イ」が、はいっていることから、お
いわいのときに、よく、たべられます。

マグロ

まぐろ

とても、おおきな、さかなです。およぐのが、はやく、
せかいじゅうの、あたたかいうみを、およぎまわります。

?

おすしに、
なるのは、どんな、
さかなかな？

かつお
カツオは、「かつおぶし」の、
ざいりょうにも、なります。

カツオ

たくさんの、むれで、およぎます。
サメや、クジラなどに、ついていくことが、あります。

アジ

むれで、およぎます。
「ぜいご」という、かたい「うろこ」が、
からだの、りょうがわに、あります。

ぜいご

「とげ」のような、かたい「う
ろこ」が、ならんでいます。

サンマ

よく、たべるさかなですが、かうのは、
むずかしいので、すいぞくかんでは、
あまり、みかけません。

イワシ

ほかのさかなの、えものに、なりやすいので、
たくさんのなかまと、いっしょに、およぎます。

サバ（さば）

せかいじゅうで、たべられています。
せなかに、むしくいのような、
もようがあります。

フグ（ふぐ）

とてもつよい、どくを、もっています。
じょうぶな「まえば」で、カイ（かい）や、カニ（かに）を、たべます。

てきに、おそわれると、からだを
ふくらませて、おどろかせます。

フグ（ふぐ）は、どくがあるので、
とくべつな、「しかく」
を、もっているひとだ
けが、りょうりできます。

サケ（さけ）

かわで、うまれて、うみで、そだちます。
おおきくなると、うまれたかわに、
もどって、たまごを、うみます。

じぶんが、うまれたばしょで、たまごを、うむた
めに、かわを、ながれにさからって、およぎます。

「いくら」は、サケ（さけ）
の、たまごです。

ウツボ

ほそながい、からだで、
するどい、「は」が、あります。
ひとに、かみつくことも、あります。

ひるまは、いわの、す
きまに、かくれています。
よるになると、えものを、
つかまえにいきます。

ハリセンボン

からだぜんたいに、
「とげ」が あります。
フグの、なかまですが、
どくは、ありません。

てきに、おそわれると、か
らだを、ふくらませて、「と
げ」を、たて、あいてに、た
べられないように、します。

アンコウのつりざお

「さお」のさきにあるものを、
たべものと、まちがえて、こざ
かなが、やってきます。

アンコウ

あたまの、さきにある、
つりざおのようなもので、
こざかなを、ひきよせて、つかまえます。

43

ウナギ

ふだんは、かわや、みずうみで、くらし、
たまごをうむときは、うみに、いきます。
からだは、ぬるぬるしています。

ウナギの、「ち」には、どく
があります。にたり、やい
たりすると、どくが、なく
なるので、「かばやき」など
にして、たべられています。

コイ

いけ、みずうみなどで、くらします。
カイや、むし、みずくさなど、
いろいろなものを、たべます。

コイは、もともと、くろっぽい、さかなです。にんげ
んが、きれいなコイを、えらんで、そだてることで、
いろいろな、いろや、もようの、コイが、うまれました。

ナマズ

かわや、たんぼで、くらします。
「くち」のまわりの、「ひげ」で、さかなや、
カエルなどを、さがして、たべます。

ナマズは、じしんがくるまえに、
さわぐと、いわれています。

チンアナゴ

ほそながい、からだを、すなのなかに、かくし、
あたまのほうだけを、そとに、だします。
てきが、ちかづくと、すぐに、すなに、もぐります。

イヌの「ちん」

チンアナゴ

「ちん」というしゅるいの、イヌに、かおが、にているので、このなまえが、つきました。

カクレクマノミ

イソギンチャクの、なかで、
くらしています。うまれたときは、
すべて、オスです。むれのなかで、
いちばん、おおきいものが、
メスになり、たまごを、うみます。

どうして
ほかのさかなは
イソギンチャクに
はいらないのかな？

クマノミのなかまと、イソギンチャク

イソギンチャクは、どくのある「とげ」を、もっているので、ふつうのさかなは、ちかづけません。クマノミのなかまは、とくべつな、ぬるぬるしたもので、からだを、おおっているので、「とげ」にさされずに、イソギンチャクのなかで、くらすことができます。

45

エンゼルフィッシュ

からだが、うすく、たてにながい、
めずらしいかたちの、さかなです。
ペットとして、にんきがあります。

ひとに、かわれている、
エンゼルフィッシュに
は、いろいろな、いろ
や、もようがあります。

ナポレオンフィッシュ

あさい、うみの、いわばや、サンゴしょうで、くらしています。
おとなの、オスは、2メートルくらいに、なります。

ナポレオンのぼうし

あたまの、「こぶ」が、ゆうめい
な、フランスのえいゆう、ナポ
レオンの、ぼうしに、にている
ので、このなまえが、つきました。

こどものときは、いろも、もようも、おとなと
は、ちがいます。あたまのこぶも、ありません。

リーフィーシードラゴン

いろも、かたちも、かいそうに、
にています。かいそうに、かくれて、
てきや、えものに、
みつからないように、しています。

かいそうが、なみに、
ゆれているように、ゆっ
くりと、およぎます。

タツノオトシゴ

からだは、かたい、
ほねのいたで、おおわれています。
からだを、たてて、およぎます。

おとうさんが、こどもをうむ？

タツノオトシゴのメスは、オスの、おなかにある、
ふくろに、たまごをうみます。オスは、たまごが、
かえるまで、ふ
くろのなかで、
まもります。こ
どもたちが、ふ
くろから、でて
いくようすは、
オスが、こどもを、
うんでいるよう
に、みえます。

「しっぽ」を、かいそうや、
サンゴなどに、まきつけ、
からだを、ささえます。

サメ

からだが、おおきな、さかなです。しゅるいが、おおく、
にんげんにとって、きけんな、サメもいます。

ジンベエザメ

いちばん、おおきな、さかなです。おとなしい、せいかくで、「プランクトン」という、ちいさないきものや、こざかなを、たべます。

シュモクザメ

ながくのびた、あたまの、りょうはしに、「め」が、ついています。あさいうみを、およぎ、にんげんを、おそうことも、あります。

● め

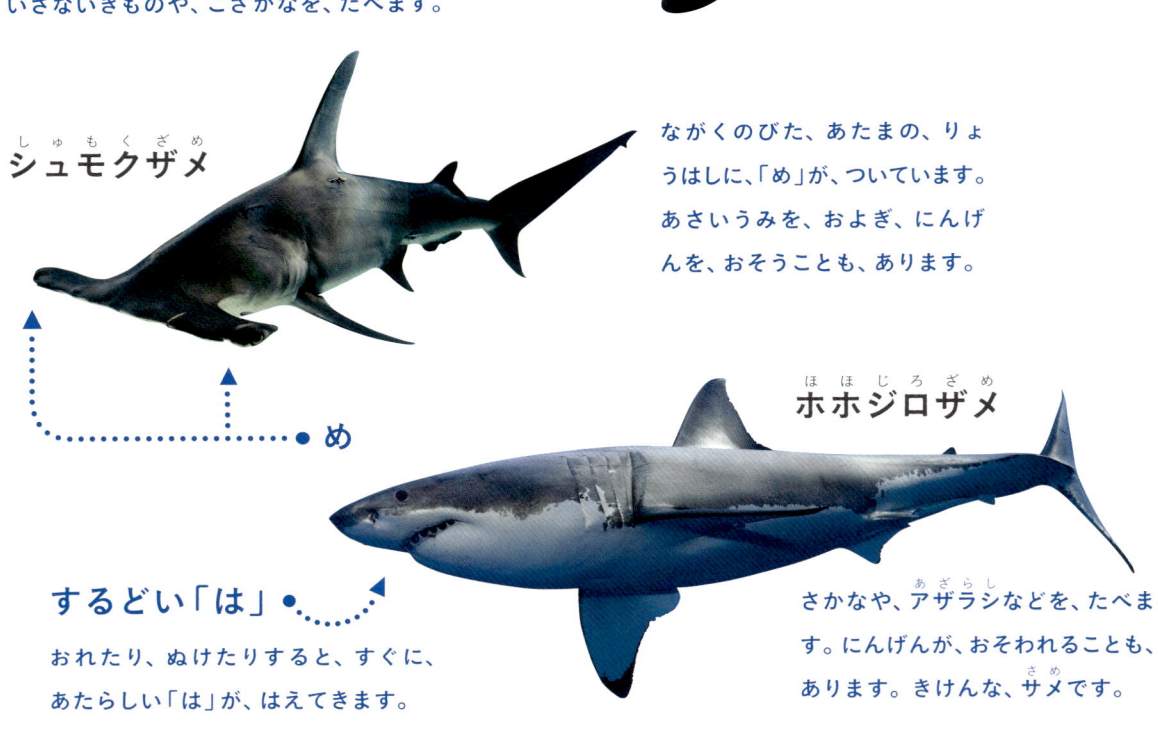

ホホジロザメ

するどい「は」●

おれたり、ぬけたりすると、すぐに、あたらしい「は」が、はえてきます。

さかなや、アザラシなどを、たべます。にんげんが、おそわれることも、あります。きけんな、サメです。

マンボウ

からだが、おおきな、さかなです。
クラゲや、カニなどを、たべます。
うみのうえに、よこになって、
うかんでいることがあります。

エイ

ひらべったい、からだで、ほそながい、「しっぽ」があります。
おおきな、「ひれ」で、はばたくように、およぎます。

おおきな「くち」

おおきな「くち」を、あ
けて、はいってくる、プ
ランクトンを、たべます。

オニイトマキエイ

「マンタ」とも、よばれます。
いちばん、おおきな、エイです。

アカエイ

うみの、そこの、すなに、もぐって、くらして
います。「くち」は、からだの、したに、あります。

どくのある「とげ」

しっぽに、どくのある、
「とげ」が、あります。

49

そのほかのいきもの

すいぞくかんには、さかなのほかにも、
さまざまな、いきものが、います。

タコ
<small>た こ</small>

8ぽんの「あし」があります。
からだが、やわらかいです。

イカ
<small>い か</small>

10ぽんの「あし」があります。
およぐのが、とくいです。

ながい、2ほんの「あし」

ほかの「あし」よりも、ながい、2ほんの「あし」で、えものを、つかまえます。

ウニ

たくさんの、とげが、あります。
とげの、あいだにある、ほそながい「あし」で、
うみのそこを、あるきます。

ウニの「くち」

ウニの「くち」は、からだのしたに、あり
ます。かいそうを、かじりとって、たべます。

●‥‥‥ かいそう

カニの「はさみ」

えものを、つかむときに、つかいます。

エビ

あるくためや、ものをつかむための、
ながい「あし」と、およぐための、
みじかい「あし」が、あります。

● くち

カニ

よこに、あるくことが、おおいですが、
まえにも、あるけます。8ほんの「あし」と、
2ほんの、「はさみ」があります。

51

アメフラシ

あさいうみの、いわばに、すんでいます。
てきに、おそわれると、むらさきいろの、
「えき」を、だします。

むらさきいろの「えき」
が、あまぐものように、
みえるので、このな
まえが、つきました。

クリオネ

つめたい、うみに、すんでいます。
つばさのような、かたちの、
「あし」で、およぎます。

えものを、つかまえるときは、あたまから、「バッカルコーン」という、6ぽんの、うでのようなものを、だします。

クラゲ

ゼリーのようなからだで、
みずのなかを、ただよって、くらします。
つよい、どくを、もつものも、います。

クラゲには、おおくの、しゅるいが、あります。
にんげんよりも、おおきな、クラゲも、います。

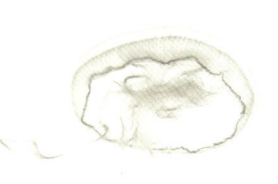 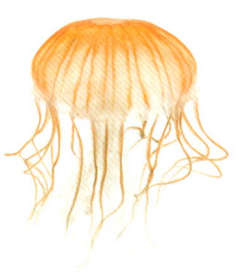

ヒトデ

「ほし」のかたちの、
ひらべったい、からだで、
うみのそこで、くらしています。

● うで

ヒトデの「うで」は、5ほ
んのものが、おおいです。

イソギンチャク

うみのなかの、いわに、くっついたり、
すなに、もぐったりして、くらしています。
どくをもつ、イソギンチャクも、います。

みずから、だすと、「く
ち」のまわりを、とじ
て、まるくなります。

● くち

ヤドカリ

かいがらなどに、はいって、くらしています。
からだが、おおきくなると、かいがらも、
おおきいものに、とりかえます。

かいがら

やわらかい「おなか」

かいがらから、だした、ヤド
カリです。ふだん、かいがらで、
まもられている「おなか」は、
やわらかく、ねじれています。

てきが、ちかづくと、か
らだを、かいがらのなか
に、ひっこめて、かたい
「あし」で、ふたをします。

53

シャチ

うみで、いちばんつよい、
いきものと、いわれています。
なかまと、ちからをあわせて、おおきな、
クジラを、おそうこともあります。

イルカ

およぎがはやく、あたまのいい、どうぶつです。
ひとを、こわがらず、いっしょにおよいだり、
ふねに、ついてきたりします。

どんな
イルカが
いるかな？

?

ハンドウイルカ
「バンドウイルカ」ともいいます。
ショーなどで、よく、みられます。

マイルカ

おおぜいの、なかまと、くら
しています。ジャンプや、す
ばやいおよぎが、とくいです。

シロイルカ

こどものころは、はいいろ
ですが、おおきくなると、まっ
しろになります。「ベルー
ガ」とも、よばれています。

？ クジラはどのくらいおおきいの？

クジラのなかまたち

クジラは、うみにすむ、おおきな、どうぶつです。イルカやシャチも、クジラのなかまです。おおきなクジラは、10メートルをこえることもあり、すいぞくかんでは、みることができません。

ザトウクジラ

なかまといっしょに、およぎ、プランクトンや、こざかなを、たべます。ときどき、ジャンプをします。

マッコウクジラ

もぐるのが、とくいで、3000メートルも、もぐることが、できます。するどい「は」で、おおきな、イカなどを、たべます。

きば

セイウチ

からだが、おおきく、「ひふ」が、ぶあつい、どうぶつです。ながい、2ほんの、きばが、あります。あるくのは、にがてです。

コウテイペンギン

いちばん、おおきなペンギンです。

こども

ペンギン

とりのなかまですが、とぶことは、できません。およいだり、もぐったりするのが、とくいです。

ペンギンのつばさは、「ひれ」のようなかたちです。およぐときは、そらをとぶように、つばさを、うごかします。

いろいろなペンギン

ジェンツーペンギン
あたまに、しろい、もようがあります。

アデリーペンギン
「め」のまわりが、しろいです。

イワトビペンギン
あたまに、かざりばねがあります。

フンボルトペンギン
くちばしの、つけねが、ピンクいろです。

「みみたぶ」がない

アザラシ

うみの、ちかくの、りくや、こおりのうえで、くらす、どうぶつです。

アシカ

まえのひれが、おおきいので、りくを、あるくことができます。みじかい「け」が、はえています。

「みみたぶ」がある

ひれ

アザラシたちの、ちがいはどこかな？

オットセイ

アシカより、からだが、ちいさく、ながい、「け」が、はえています。

「みみたぶ」がある

アシカや、オットセイは、ひとになれやすく、あたまがいいので、ショーなどで、かつやくしています。

57

あたたかい「け」

「け」が、すきまなく、はえて、さむさから、からだを、まもっています。しろいいろは、こおりのうえでは、めだたないので、えものに、みつからずに、ちかづけます。

ホッキョクグマ
（ほっきょくぐま）

　ほっきょくの、こおりのうえで、くらしています。およぐのが、とくいです。アザラシ（あざらし）や、さかななどを、つかまえて、たべます。

ラッコ
（らっこ）

みずに、もぐって、カイ（かい）などを、とります。すいめんに、うかんで、くらしています。

おなかにのせた、いしに、カイ（かい）のからを、たたきつけて、わることが、できます。

58

ウーパールーパー

メキシコの、みずうみにしかいない、
めずらしい、いきものです。
ペットとして、にんきがあります。

ウミガメ

おおきな、「ひれ」で、およぐのが、
とくいです。なんねんかに、いちど、
すなはまで、たまごを、うみます。

「うらしまたろう」に、でて
くるカメは、ウミガメです。

ウミガメも
「こうら」のなかに
かくれるのかな？

?

「こうら」のなかに、かくれるカメ

おおくのカメは、あたまと、て
あしを、「こうら」のなかに、ひっ
こめて、かくすことが、できま
すが、およぐのがとくいな、ウ
ミガメや、おおきなゾウガメは、
ひっこめることが、できません。

アメリカハコガメ

こうえん

こうえんは、「き」や、くさばなが、
たくさんあって、だれでも、さんぽしたり、
あそんだり、できるところです。
むしや、とりなど、いろいろな、
いきものに、であえます。

むし

むしは、からだが、ちいさいものが、おおいです。
とても、しゅるいがおおく、かたちも、たくさんあります。

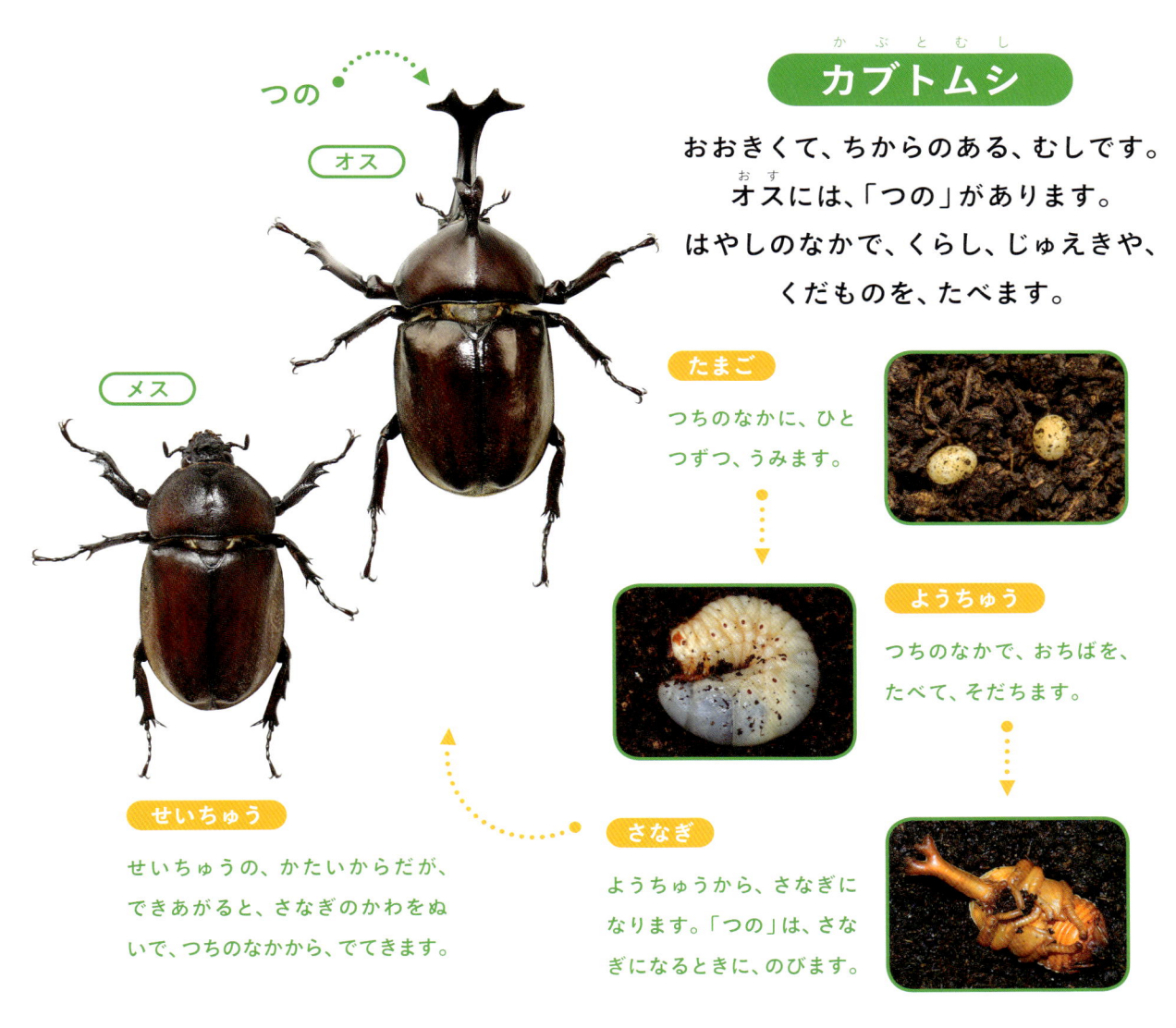

つの

オス

メス

カブトムシ

おおきくて、ちからのある、むしです。
オスには、「つの」があります。
はやしのなかで、くらし、じゅえきや、
くだものを、たべます。

たまご

つちのなかに、ひと
つずつ、うみます。

ようちゅう

つちのなかで、おちばを、
たべて、そだちます。

せいちゅう

せいちゅうの、かたいからだが、
できあがると、さなぎのかわをぬ
いで、つちのなかから、でてきます。

さなぎ

ようちゅうから、さなぎに
なります。「つの」は、さな
ぎになるときに、のびます。

61

クワガタムシ

オスには、2ほんの「つの」のような、おおきな、「あご」があります。

せいちゅう

オオクワガタ

あご ●••• ▶

メス　　　オス

たまご

くさりかけた、「き」に、あなをあけて、ひとつずつ、うみます。

ようちゅう

まわりの、「き」を、たべて、そだちます。

さなぎ

「あご」は、したむきに、たたまれています。

？ どうしてオスには「つの」があるのかな？

「つの」や「あご」のやくわり

カブトムシの「つの」や、クワガタムシの、おおきな「あご」は、メスや、たべものを、とりあって、オスどうしが、たたかうときに、つかいます。メスには、ありません。ただし、クワガタムシのメスは、たまごをうむときに、「き」に、あなをあけるので、ちいさいけれど、するどい「あご」を、もっています。

せかいのカブトムシとクワガタムシ

せかいには、いろいろな、カブトムシとクワガタムシがいます。

ヘラクレスオオカブト

せかいで、いちばんおおきな、
カブトムシです。

ゾウカブト

いちばんおもい、
カブトムシです。

ニジイロクワガタ

きれいな、にじいろの、
クワガタムシです。

コーカサスオオカブト

3ぼんの、ながい「つの」があります。

タランドゥスオオツヤクワガタ

くろくて、つやつやしています。

テントウムシ

いろいろな、いろの、テントウムシが、います。
てきに、おそわれると、しんだふりをします。

ナミテントウ

キイロテントウ

ナナホシテントウ

テントウムシのとびかた

たかいほうへ、あるいてのぼり、
いちばん、うえまでできたら、「はね」
をひろげて、とびたちます。

オニヤンマ

にほんで、いちばん、
おおきい、トンボです。

トンボのようちゅう

みずのなかで、むしや、こざ
かなを、たべて、そだちます。

トンボ

とぶのが、とくいで、うしろむきに、
とんだり、くうちゅうで、とまったり、できます。

カナブン

つやのある、きれいな、むしです。
かたい、まえばねを、とじたまま、
うしろばねだけで、とぶことが、できます。

セミ

なつ、おおきなこえで、ないています。ようちゅうは、
つちのなかで、なんねんもかけて、そだちます。

じーじり
じりじり

せなかがわれて、せいちゅ
うのからだが、でてきます。

「はね」がのびて、
かたくなり、いろが、
かわります。

ようちゅうは、おおきく
なると、つちからでて、「き」
や、くさに、のぼります。

アブラゼミ

「はね」が、すきとおってい
ないのが、とくちょうです。

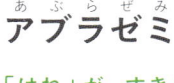

セミのぬけがら

ようちゅうの「から」は、その
ままのかたちで、のこります。

どんな
セミが
いるかな？

いろいろなセミ

セミには、いろいろな、しゅるいが
います。どのセミも、オスは、おお
きななきごえで、メスをよびます。
セミのなかまは、みためは、にて
いますが、しゅるいによって、なき
かたが、ちがいます。

みーん
みんみん
みんみー

おーしー
つくつく

かなかな
かなかな

ミンミンゼミ

ツクツクボウシ

ヒグラシ

チョウ

おおきくて、きれいな「はね」で、ひらひらと、とびます。
ようちゅうは、はっぱなどを、たべ、せいちゅうは、はなのみつを、すいます。

アゲハチョウ

• はね

せいちゅう

さなぎ

たまご

ミカンや、サンショウの、はっぱに、うみます。

ようちゅう

まわりの、はっぱを、たべて、そだちます。

アオスジアゲハ

すばしっこい、チョウです。
「はね」の、あおいぶぶんは、
すきとおっています。

モンシロチョウ

あかるい、のはらや、はたけなどで、
よく、みられます。ようちゅうは、
キャベツや、コマツナを、たべます。

ベニシジミ

かわや、たんぼのちか
くで、よく、みられます。

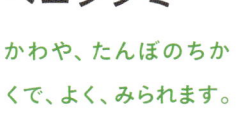

バッタ

のはらに、すんでいます。
じょうぶな「あご」で、
かたい、くさも、たべられます。

トノサマバッタ

ジャンプするちからがつよく、「はね」で、とぶのも、とくいです。

ながい、うしろあし

てきが、ちかづくと、じめんをけって、ジャンプします。

カマキリ

はやしや、くさむらで、くらしています。
ほかのむしを、まちぶせし、
まえあしで、つかまえて、たべます。

「かま」のようなまえあし

ふだんは、むねのまえに、おりたたんでいます。えものが、ちかづくと、すばやくのばして、つかまえます。

カマキリのたまご

カマキリのメスは、あきになると、あわにつつまれた、たまごをうみます。あわは、じかんがたつと、かたまり、ようちゅうが、でてくるまで、たまごを、まもります。

カマキリのたまごが、はいっている、あわのかたまり

あわから、でてくる、カマキリのようちゅう

ぎーっ
ちょん

キリギリス
きりぎりす

のはらや、くさむらで、くらし、
くさや、ほかの、むしを、たべます。
ジャンプは、とくいですが、
「はね」でとぶのは、にがてです。

コオロギ
こおろぎ

くだものや、むしのしがいなど、
なんでもたべます。

ころころ
ころりー

りぃーん
りぃーん

スズムシ
すずむし

とても、きれいなこえで、なくので、
ペットとして、にんきがあります。

こえがでるしくみ

キリギリスや、コオロギのなかま
の、オスは、なきごえで、メスを
よんだり、ほかのオスを、おどし
たりします。なきごえは、「はね」
についた、ギザギザを、こすりあ
わせて、だしています。

ちん
ちろりん

マツムシ
まつむし

リー
リー

アオマツムシ
あおまつむし

るるる
るるる

カンタン
かんたん

アリ

たまごをうむ、「じょおうアリ」、
たべものをあつめたり、「す」をつくったりする
「はたらきアリ」など、やくわりのちがう、
たくさんの、なかまと、くらしています。

アリは、おおきな、「す」をつくります。
ようちゅうのへや、たべもののへやなど、
たくさんのへやを、つかいわけています。

じょおうアリが、たま
ごをうみ、はたらき
アリが、せわをして、
なかまを、ふやします。

じょおうアリ

ウスバカゲロウ

ようちゅうは、すなに、あなをほってすみ、
あなにおちた、アリなどを、たべるので、
「アリジゴク」と、よばれます。

せいちゅう

ようちゅう
（アリジゴク）

あなのそこに、か
くれて、えものが、
おちてくるのを、
まっています。

ハチ

はなのみつを、すうものや、ほかのむしを、たべるものなど、
いろいろなしゅるいが、います。おしりのさきに、はりがあり、
ひとが、さされることも、あります。

じょおうバチ

ミツバチ

はなのみつを、あつめて、
はちみつを、つくります。

たまごをうむ、「じょおう
バチ」と、たくさんの、「は
たらきバチ」が、いっしょ
に、くらしています。

「き」のあなや、い
わのすきまなどに、
「す」を、つくります。

「す」は、ろっかくけいの、こべやに、
わかれています。みつを、たくわえ
たり、ようちゅうを、そだてたりします。

トックリバチ

トックリバチのす

オオスズメバチ

どろで、つぼのかたち
の、「す」をつくります。

とてもつよい、どくがあります。「す」をまもるた
めには、おおきなどうぶつにも、おそいかかります。

ホタル

おしりのさきが、ひかります。せかいじゅうに、
たくさんのしゅるいの、ホタルがいますが、にほんでは、
ゲンジボタルと、ヘイケボタルが、ゆうめいです。

ホタルは
どうして
ひかるのかな？

ホタルのひかり

ひかりは、オスとメスが、であうための、あいずです。
ひかりかたは、しゅるいによって、ちがいます。

ゲンジボタル

ようちゅうは、きれいな
かわで、カイなどをた
べて、そだちます。

ヘイケボタル

ゲンジボタルより、ちい
さいです。いけや、た
んぼで、そだちます。

アメンボ

えものの
みつけかた

みずのうごきを、「あ
し」で、かんじとって、
えものを、みつけます。

いけや、かわに、うかんで、くらします。
すいめんに、おちた、むしなどを、たべます。

みずにうかぶ「あし」

みずをはじく、「け」が、たくさんはえて
いるので、みずに、しずまずに、あるけます。

クモ

おしりから、「いと」をだして、あみをつくり、かかったむしを、
たべます。まちぶせをしたり、とびかかったりして、
えものを、つかまえる、しゅるいもいます。

クサグモ

「き」や、くさのうえに、
うすい、ぬののような、
あみをつくります。

ジョロウグモ

きのえだなどに、おおきな、
まるいあみを、つくります。

ハエトリグモ

ジャンプがとくいで
す。あみを、つくらず、
あるきまわって、え
ものをさがします。

どうして
クモはあみに
くっつかないの
かな？

クモのあみのしくみ

クモのあみは、ベタベタした「いと」と、くっつかない
「いと」で、できています。ほかのむしが、あみにふ
れると、ベタベタした「いと」が、からだに、くっついて、
うごけなくなりますが、クモは、くっつかない「いと」
だけを、えらんで、じゆうに、あるくことができます。

クモのあみにかかったトンボ

ミミズとしょくぶつ

ミミズは、おちばや、いきものの、しがいなどをたべて、ふんをだします。このふんは、つちにまざって、しょくぶつの、せいちょうを、たすける、ひりょうになります。また、ミミズが、うごきまわると、つちが、かきまわされ、しょくぶつが、そだちやすい、やわらかいつちになります。

ミミズ

つちのなかに、すみ、おちばなどを、たべます。しろっぽい、おびの、あるほうが、あたまです。

おび •··· ↴

◀·····• あたま

ワラジムシ

みためも、くらしかたも、ダンゴムシに、にていますが、まるくなりません。

ダンゴムシ

いしや、うえきばちのしたなど、しめった、せまいばしょに、すみ、おちばなどを、たべます。

• じょうぶなせなか

せなかは、かたいからで、おおわれています。

おどろくと、せなかを、そとがわにして、ボールのように、まるくなります。

カタツムリ

りくにすむ、まきがいのなかまです。
しめったばしょで、くらし、
いろいろな、しょくぶつを、たべます。

おおきな「から」

てきから、みをまもったり、からだ
が、かわくのを、ふせいだりします。

「つの」と「め」

「つの」のさきに、「め」
があります。さわると、
ひっこみます。

しめった「ひふ」

「ひふ」は、いつも、し
めっています。あるくと、
ぬるぬるした、あとが、
のこります。

カタツムリは
「から」をとったら
ナメクジに
なるのかな？

?

ナメクジ

カタツムリの、なかまです。
「から」を、もたないので、せまい
ところでも、じゆうに、うごけます。

カタツムリの「から」

カタツムリは、「から」をせおった、ナメクジのようにみえます。しかし、カタツムリの「から」は、からだにくっついていて、からだが、おおきくなると、「から」もいっしょに、おおきくなります。また、「から」のなかには、しんぞうなどがはいっているので、むりにとると、しんでしまいます。

たまごから、でてきたばかりの、カタツムリにも、「から」があります。

りょうせいるい・はちゅうるい

はるから、あきの、あたたかいきせつに、よくみられます。
ふゆは、ほとんどのしゅるいが、ねむっています。

カエル

うしろあしが、ながく、ジャンプが、とくいです。
こどもは、「オタマジャクシ」と、よばれます。

ニホン
アマガエル

オタマジャクシは、さ
かなのように、みずの
なかで、くらします。

せいちょうすると、う
しろあしが、でてきます。

まえあしも、でてきます。

カエルのかたちになる
と、りくで、くらします。

ヘビ

ほそながいからだで、はってすすみます。
「くち」が、おおきくひらくので、
おおきな、えものも、まるのみにします。

てきに、おそわれると、「しっ
ぽ」をきって、にげます。

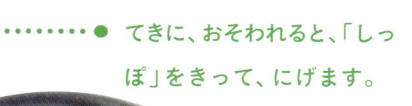

ニホントカゲ

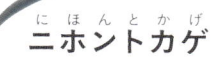

トカゲ

のはらや、いしのうえなどに、
みられます。ちいさなむしを、たべます。

シマヘビ

どうぶつ

こうえんには、ちいさな、やせいのどうぶつも、すんでいます。

にんげんを、こわがることもあるので、そっと、みまもってあげましょう。

モグラ

つちのなかに、トンネルをほって、
くらします。ミミズや、むしを、たべます。

モグラのトンネルは、とてもながく、ねむるためのへや、たべもののへや、トイレなど、たくさんのへやがあります。

シャベルのような「て」

ながい、「つめ」があり、つちを、
ほりやすい、かたちです。

コウモリ

まえあしが、「つばさ」になっていて、
とりのように、そらをとびます。

ひるまは、たてもの、すきまなどで、
やすんでいます。

よるになると、そらを、とびながら、むしなどを、つかまえます。

とり

かわれている、とりのほか、たくさんの、やせいのとりが、
みられます。こえが、きれいな、とりも、おおいです。

オス

メス

みずかき

マガモ

ふゆのあいだ、いけや、
かわなどで、よくみられます。
「あし」に、「みずかき」があり、
およぐのが、とくいです。

マガモのこどもは、うまれるとすぐに、
おやのあとについて、あるいたり、
およいだりできるようになります。

アヒル

マガモを、かいやすくした、とりです。
こうえんでも、よく、かわれています。

77

メジロ

みどりいろの、ちいさなとりです。
はなのみつが、すきで、ツバキや、
ウメに、みつをすいに、やってきます。

ちーちゅる
ちーちゅる

ほー
ほけきょ

ウグイス

はやしや、やぶに、すみます。オスは、
はるのはじめに、「ほーほけきょ」とないて、
メスに、アピールします。

ムクドリ

きのみや、くだもの、むしなどをたべます。
しばふや、はたけで、たべものを、
さがしているのが、よくみられます。

きゅる
きゅる

かっこう
かっこう

カッコウ

なつに、みられるとりです。
オスは、えだのさきなど、
めだつところに、とまり、
おおきなこえで、なきます。

ホトトギス

カッコウより、すこし、ちいさいとりです。
あさから、よるまで、よくなきます。

きょっ
きょきょきょ
きょ

たまごをあずける
おやどり

カッコウや、ホトトギスは、じぶん
では、こどもを、そだてず、ウグイ
スなどの「す」に、じぶんのたまごを、
うみつけて、そだてさせます。

ぼくじょう

ぼくじょうには、にんげんのやくにたつ、
どうぶつたちが、くらしています。
ひろい、のはらを、「さく」でかこい、
どうぶつたちが、じゅうに、
すごせるように、なっています。

ウシ

せかいじゅうで、ミルクや、にくを、とるために、
かわれています。にもつを、はこんだり、はたけを、
たがやしたりするのに、つかわれることも、あります。

ホルスタイン

ミルクと、にくを、とる
ために、かわれる、ウシ
です。からだの、もようは、
くろとしろのほか、ちゃ
いろとしろもあります。

ホルスタインは、1ねんに、ぎゅ
うにゅうパック6000ぼん
くらいの、ミルクをだします。

くろげわぎゅう

にくをとるための、ウシです。にほんで、
つくられた、しゅるいで、おいしいにく
として、せかいでも、ゆうめいです。

ジャージー

ミルクを、とるための、ウシです。えい
ようの、おおい、ミルクを、だします。

81

ヒツジ

ミルクと、にくと、「け」をとるために、かわれています。
ヒツジの「け」は、ながくて、やわらかく、あたたかいので、
セーターなどの、ざいりょうとして、せかいじゅうで、つかわれています。

サフォーク

「かお」と「あし」が、くろく、
「つの」は、ありません。

つの ●……▶

メリノー

ほそく、やわらかい、「け」
がとれます。オスには、
うずまきがたの、りっぱ
な、「つの」があります。

？ どうして
ぼくじょうに
イヌが
いるのかな？

ヒツジのせわをする
「ぼくようけん」

「ぼくようけん」とは、ヒツジのせわを
する、イヌのことです。ヒツジが、ぬす
まれたり、にげたりしないように、みは
りをしたり、ヒツジを、あつめて、「こや」
や、のはらに、つれていったりします。

どうぶつのためにも たいせつな「けがり」

ぼくじょうでは、はるから、なつのはじめに、ヒツジや、アルパカなどの「け」を、かりとります。これを、「けがり」といいます。「けがり」は、にんげんが、「け」をとって、つかうためだけではなく、どうぶつたちが、なつを、すずしくすごすためにも、たいせつなことです。

「けがり」をした、アルパカ

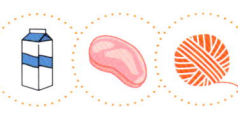

どうして「け」をかるのかな？

ヤギ

ミルクと、にくと、「け」をとるために、かわれています。からだが、じょうぶで、たべものや、みずが、すくないところでも、へいきです。

アルパカ

ラクダの、なかまです。「け」を、とるために、かわれています。

ニワトリ

たまごと、にくを、とるために、かわれる、とりです。
「つばさ」は、ちいさく、ほとんど、とべません。

とさか

オスにもメスにも、あります。メスのほうが、ちいさいです。

ニワトリのこどもは、「ヒヨコ」とよばれます。

こども

オス

メス

ブタ

にくを、とるために、
かわれています。
せいちょうが、はやく、
たくさんの、こどもを、うみます。

ウマ

あしが、はやくて、ちからが、
あります。ひとを、
せなかにのせて、はこんだり、
ばしゃを、ひいたりします。

ポニー

おとなになっても、ふつうのウマの、
こどもくらいの、おおきさです。

ロバ

からだが、じょうぶで、とても、
ちからがあります。ひとや、にもつを、
はこぶのに、つかわれます。

85

みぢか

みぢかな、ばしょにも、
いろいろな、いきものが、います。
いえで、いっしょにくらす、ペットや、
まちのなかで、みかける、
いきものを、みてみましょう。

イヌ

イヌは、むかしから、ひとと、くらしてきた、どうぶつです。
ペットとして、かわれるほか、いろいろな、しごとをする、イヌもいます。

みみ

にんげんには、きこえない、ちいさなおとでも、きこえます。

はな

とても、よわいにおいを、かぎわけることが、できます。

しっぽ

うれしいときは、「しっぽ」をふります。

しばいぬ

にほんで、むかしから、かわれている、イヌです。かいぬしの、いうことを、よくききます。

チワワ

とても、ちいさな、イヌです。

ラブラドールレトリバー

かしこく、やさしいせいかくで、ひとを、たすけるしごとに、むいています。

ジャーマンシェパード

ちからがつよく、あたまがいいので、けいさつや、きゅうじょたいなどで、かつやくしています。

トイプードル

ひとに、なれやすく、あそぶのが、だいすきです。

87

しごとをする、イヌ（いぬ）たち

もうどうけん

「め」の、ふじゆうなひとの、みちあんないを、したり、きけんを、しらせたりして、あんぜんに、あるけるように、てつだいます。

さいがいきゅうじょけん

こわれた、たてものや、どしゃのなかから、ひとを、さがしだします。

かいじょけん

ものを、もってきたり、ドアを、あけたりして、からだの、ふじゆうなひとを、たすけます。

けいさつけん

はんにんの、においを、かぎわけて、さがします。

りょうけん

えものが、いるばしょを、ひとに、おしえたり、かくれている、えものを、おいだしたりします。

ネコ
（ねこ）

ネコも、むかしから、ひとといっしょに、くらしてきました。
きまぐれですが、あたまがよく、ひとに、よく、なつきます。

にほんねこ

にほんに、むかしから、いるネコ（ねこ）
です。じょうぶで、かいやすいです。

め

あかるいところでは、ほそながく、くらいところでは、まるくなります。

した

ザラザラ（ざらざら）していて、「け」を、きれいにする、ブラシ（ぶらし）に、なります。

つめ

するどい「つめ」は、だしたり、ひっこめたり、できます。

マンチカン
（まんちかん）

「あし」が、みじかいネコ（ねこ）です。

スコティッシュ（すこてぃっしゅ）フォールド（ふぉーるど）

「みみ」が、まえに、おれています。

ペルシャ
（ぺるしゃ）

ながい「け」の、ネコ（ねこ）です。
おとなしい、せいかくです。

ハムスター

ネズミの、なかまです。ひとに、なれやすいので、せかいじゅうで、にんきがあるペットです。

ちいさなペットにはどんなどうぶつがいるかな？

ゴールデンハムスター

おとなしくて、かしこく、かいやすい、ハムスターです。

ジャンガリアンハムスター

ほおぶくろ

ほっぺたの、うちがわに、たべものを、いれる、ふくろがあります。

ゴールデンハムスターの、はんぶんくらいの、おおきさです。

ハムスターとモルモットのちがい

ハムスターと、モルモットは、よくにていますが、モルモットのほうが、ずっと、からだが、おおきいです。

ハムスター　　**モルモット**

モルモット

くさや、やさいなどを、たべます。じょうぶで、おとなしく、かいやすいので、ふるさとの、みなみアメリカでは、なんぜんねんも、まえから、かわれています。

タヌキ

はやしにすみ、よるに、うごきまわります。
むしや、くだものなど、なんでも、たべます。

まちでくらすタヌキ

さいきん、まちのなかで、なまゴミなどをたべて、くらすタヌキが、ふえてきました。これは、もともとすんでいた、はやしが、すくなくなったからだと、いわれています。

ネズミ

せいちょうが、はやく、たくさんの、こどもを、うみます。
ひとの、たべものを、たべてしまったり、たてものを、かじったりする、
やっかいものですが、ペットとして、かわれることも、あります。

ハツカネズミ

ふねの、にもつなどに、まぎれこんで、せかいじゅうに、すみついています。

ドブネズミ

およぐのが、とくいです。まちの、げすいどうなどに、すみついています。

ことばをはなす、とりたち

ひとのことばを、まねて、しゃべることができる、とりには、インコやオウム、キュウカンチョウなどがいます。じょうずに、おしえると、なまえや、あいさつなどの、みじかいことばのほか、うたや、おはなしなども、おぼえることがあります。

キュウカンチョウ

オウム

あたまに、かざりばねが、あります。インコのように、いろあざやかではなく、しろや、くろなどが、おおいです。

キバタン

インコ

まがった、じょうぶな、くちばしと、きれいな、はねが、とくちょうです。
ひとの、ことばを、まねて、しゃべるものも、います。

セキセイインコ

じょうぶで、なれやすく、せかいじゅうで、かわれています。いろいろな、いろや、もようがあります。

ボタンインコ

めのまわりが、しろく、くちばしが、あかいです。

コザクラインコ

かいぬしと、あそぶのが、だいすきです。

カラス

とても、あたまのいいとりです。
もとの、すみかは、もりですが、まちのなかで、
くらすようになり、ゴミを、ちらかすなどの、
もんだいを、おこしています。

ハト

とぶちからがつよく、じょうぶな、とりです。
あまり、ひとを、こわがらず、
まちのなかで、むれで、くらしています。

よくみかける
とりは
どんなとりかな？

?

ふゆのスズメ

ふゆのあいだは、「はね」を、ふくらませて、
さむさから、みを、まもります。からだが、
ふくらんでいるように、みえるので、「ふ
くらすずめ」と、よばれています。

スズメ

まちのなかや、はたけなど、ひとが、
すんでいるところで、くらしています。

ツバメ

にほんでは、なつに、みられます。とぶのが、
はやく、とびながら、むしを、つかまえます。

ツバメの「す」

たてものの、かべなどに、
どろと、かれくさを、はり
つけて、「す」をつくります。

ながい「しっぽ」

ふたつに、わかれた、ながい
「しっぽ」が、とくちょうです。

ウミネコ

うみのちかくで、いちねんじゅう、
みられます。なきごえが、
ネコに、にています。

くちばし

あかと、くろの、も
ようがあります。

しっぽ

くろい、「おび」
があります。

カモメ

ふゆのあいだ、うみのちかくで、
みられます。ながい「つばさ」で、
じょうずにとび、「あし」の「みずかき」で、
およぐことも、できます。

イモリ

いけや、かわのなかで、くらし、
あめのひには、みずのそとへ、
でることも、あります。
「しっぽ」や、てあしを、きられても、
もとどおりに、はえてきます。

アカハライモリ

おなかが、あかいので、
このなまえが、あります。

おなかがわから
みたところ

せなかがわから
みたところ

ザリガニ

いけや、たんぼで、くらしています。
てきが、ちかづくと、からだを、
いきおいよく、おりまげて、
うしろへ、ジャンプします。

メダカ

かわや、いけに、むれで、すみます。
ペットとして、にんきがありますが、
やせいのメダカは、かずが、へっています。

ドジョウ

かわや、たんぼの、そこのほうに、
すみます。「くち」のまわりの、
「ひげ」で、たべものを、さがします。

写真
アマナイメージズ
アフロ
学研／アフロ
PIXTA
iStock ／ Getty Images

デザイン
BOOTLEG
（山城絵里砂、太田明日香）

編集制作
オフィス 303

企画・編集
成美堂出版編集部
（原田洋介、芳賀篤史）

いきものずかん

編　著　成美堂出版編集部

発行者　深見公子

発行所　成美堂出版
　　　　〒162-8445　東京都新宿区新小川町1-7
　　　　電話(03)5206-8151 FAX(03)5206-8159

印　刷　広研印刷株式会社

©SEIBIDO SHUPPAN 2018　PRINTED IN JAPAN
ISBN978-4-415-32599-6